AF600031

*MANUEL SAN MARTÍN*

# *HAIKUS E INSOMNIO*

MANUEL SAN MARTÍN

# HAIKUS E INSOMNIO

*HUERGA & FIERRO editores*

Diseño de Colección: Huerga y Fierro

Primera edición: 2025


C/Sebastián Herrera, 9
28012 Madrid-España
Telf.: 91 467 63 61
www.huergayfierro.com
huerga@huergayfierro.com

I.S.B.N.: 979-13-990442-5-6
Depósito Legal: M-12101-2025
Impreso en Romadac Industria del Libro
Impreso en España/Printed and made in Spain

# *HAIKUS E INSOMNIO*

# Pró*logo*

*En estos años*
*dormí poco y soñé*
*que era un haikista*

# Haikus

*Tinta de haiku*
*las estaciones traza*
*y nos renueva.*

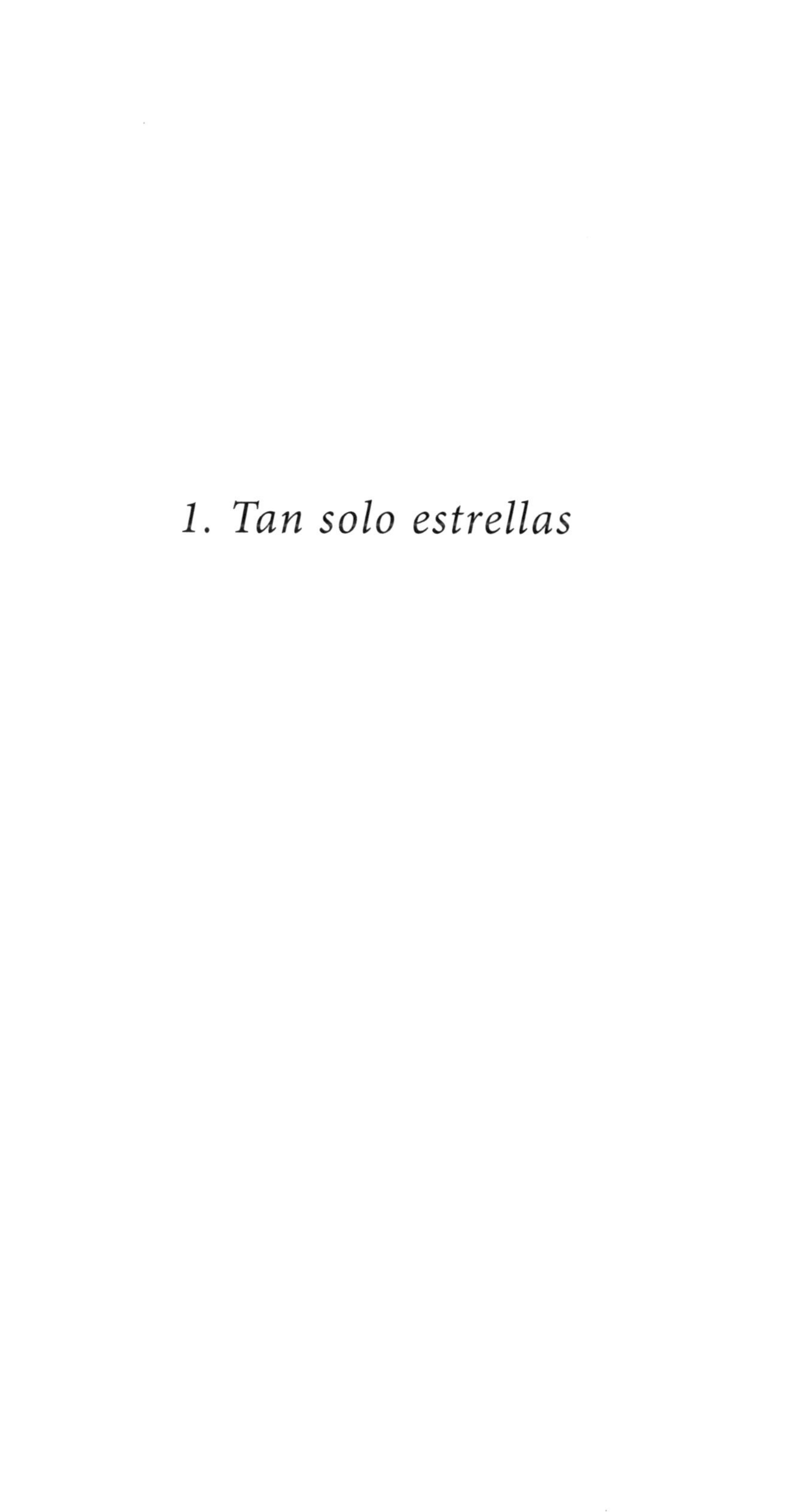

# *1. Tan solo estrellas*

No había nada
en aquel lugar yermo,
tan solo estrellas.

---

Un gato negro
observa intimidado
caer la nieve.

---

Fuerte oleaje.
El barco a la deriva.
Futuro incierto.

---

Pleamar nocturna,
ruge la ola aguerrida.
Ciclón del este.

---

Rebosa el agua.
Alguien olvidó el cántaro
en esa fuente.

---

Nieva en febrero.
Música celestial.
De nuevo Mozart.

---

Un cielo azul.
La mirada se pierde
sin una nube.

---

Contó sus años,
supo los que quedaban.
Se tumbó en la hierba.

---

Cerca los perros.
Hociquea la liebre
miedo y peligro.

---

Fruta dorada.
En la higuera la urraca.
El zorro aguarda.

---

Oscuro el bosque.
Me seguías ardiente,
aullaba el lobo.

---

Cuando ella asiente
llega la primavera.
Abro los ojos.

---

Quisimos ver
puestas de sol, había
lista de espera.

---

¿Y qué hacer
con la vida que queda?
Se hace de noche.

---

Se vence el olmo,
el viento lo doblega.
Cae el gigante.

---

Cama muy fría,
resopla la ventisca,
falta el abrazo.

---

Vuelve la veda.
El galgo está perdido.
Fatal ventura.

---

Subí al tejado,
había tejas rotas.
Te cuidaré.

---

Cada horizonte
encierra su secreto,
y su horizonte.

---

Amanecía.
Comenzó a diluviar.
Perdí un zapato.

---

Días habrá
que ya escriba como si
estuviera muerto.

---

Brillan las flores
del naranjo en el río.
Me arrojo al agua.

---

Vengo del bosque
con jauría de Foxhound.
Escapó el zorro.

---

Entre los juncos
serpentea la culebra.
El alevín huye.

---

## ¿HAIKU?
(6-7-6)

Furor uterino.
Polinizó las flores
de todo el jardín.

---

Torre mudéjar,
mañana de vencejos.
El vuelo de ánimas.

---

Cuando te escribo
soy un torpe escritor,
busco palabras.

---

Tarde amarilla.
Campo de girasoles.
El sol abrasa.

---

Frágil y bella
se desnudó medrosa.
Brotaron flores.

---

Llegaron nubes,
altocúmulos grises.
Lluvia del santo.

---

Tumbado en la hierba,
cerca rumia la vaca.
Nos observamos.

---

Vino de lejos,
se baña en el torrente.
No busca a nadie.

---

En el jardín
quedó el nido sin pájaros,
oí el silencio.

---

Fue la crecida.
Lavaban en el río.
Se llevó a todas.

---

Lo visitamos.
Era un templo con dioses
y sin presente.

---

Salió de caza.
Un ciervo estaba preso,
lo liberó.

---

Noche de brujas.
Cogida de mi mano
contaba estrellas.

---

Era una araña.
En casa, en el invierno,
fue compañía.

---

Del norte vino
bajo el sol de septiembre.
Continuó al sur.

---

Tortuga lenta,
no es vieja, tiene tiempo,
solo cien años.

---

Una guitarra,
un plácido remanso
y una cerveza.

---

Llovió sin tregua,
las aguas anegaron
las ilusiones.

---

Rayo divino.
Solo resistió en pie
la vieja iglesia.

---

Los pies desnudos.
Viene un aire del sur.
Brotan las rosas.

---

Bruma en el monte.
Los nidos aún vacíos
sin primavera.

---

Sola escalaba.
Miró al vacío y al cielo.
La cabra enfrente.

---

Vacío el valle.
Sonaba la campana,
quedaba el fraile.

---

Era un suelo árido.
Reptaba la serpiente.
Niños jugando.

---

No estaba sola.
Un oso la cuidaba,
pardo y muy fiero.

---

Granizó anoche,
quebraron los rosales.
Adiós jardín.

---

Hubo una tronada.
Crepitaron los árboles,
entre sí hablaban.

---

El viento abate
los trigales y el maíz.
Vuela la toca.

---

Final de marzo,
se derriten carámbanos.
Regresa el oso.

---

Mirando al este,
siempre al amanecer,
pasó la vida.

---

Helada y clara
baja de la montaña
el agua a la fuente.

---

Cielo de agosto.
Las estrellas mirábamos.
Faltaba alguna.

---

Era un rasguño,
la nube solitaria
rompe el azul.

---

Sentí la brisa,
venía del océano.
Era tu soplo.

---

Día otoñal
colmado de recuerdos.
Se dora el chopo.

---

Es un mes frío,
imita a la avutarda,
busca cortejo.

---

Perdida estaba.
La encontraron dormida
entre las flores.

---

Las nubes grises
ciegan la luz de enero.
Más brandy y leña.

---

Sola en febrero.
Sigue nevando afuera,
y sin noticias.

---

El cielo blanco
desconcierta al ganado.
Nos extravía.

---

Tras la sequía,
amaneció con lluvia.
Fiesta en los charcos.

---

Subido a la higuera,
higos dulces comía.
El sol cegaba.

---

La Alhambra roja.
Atardece en Granada
tras nuestros pasos.

---

Calor de agosto.
Vencejos en la trilla.
Sandía roja.

---

En el estanque
la libélula vuela.
El sapo acecha.

---

Pedrisco y truenos.
Turbio baja el arroyo,
arrastra fango.

---

Clarea el valle.
Amarillea el álamo.
Copia el pintor.

---

Muge el ternero
de regreso al establo.
Tarde de niebla.

---

Un día más
el monje come berza.
Sigue nevando.

---

Supera el Tormes.
Ya en la plaza recita
al agustino.

---

Laguna seca.
Otro verano más
no grazna el pato.

---

Habrá borrasca.
Los álamos se agitan,
aprieto el paso.

---

Un cielo azul,
Un milano lejano.
Apareciste.

---

Nos desnudamos.
Recibimos la lluvia
de primavera.

---

Fuente sin agua.
Belleza de la piedra
sin aves cerca.

---

Noches en vela.
Los perros ahuyentaron
a los fantasmas.

---

Feroz tormenta.
Tiemblan las altas torres
sin pararrayos.

---

Cerca del mar
la brisa te despeina.
Todo belleza.

---

Después de siglos
no nevó aquel invierno,
ni salió el sol.

---

Había niebla
no podíamos vernos,
solo gritarnos.

---

Se adelantaron
este año las cigüeñas.
Nieve en la torre.

---

El búho está
encima de la luna.
Nido de plata.

---

No lloverá.
Nadie tiene la culpa.
Tampoco el santo.

---

El viento dobla
las doradas espigas,
crines de estío.

---

Abrió sus manos.
La paloma siguió
entre sus dedos.

---

Sin su mirada,
el día transcurría
inane y gris.

---

Era septiembre,
se enfrentó la tormenta
con el ocaso.

---

Sombras sin luna.
El bosque silencioso.
Gimes en sueños.

---

Vi mi presente
tan negro como un cuervo,
y echó a volar.

---

Viene el deshielo.
Sucede siempre en marzo,
cuando tú estás.

---

Día de estío.
Sopor en la campiña,
la liebre otea.

---

Pusimos rumbo
a un puerto más al norte.
Hielo en las velas.

---

Charcos de lluvia.
Quiero sentir la vida,
ando descalzo.

---

Ladraba el perro
para avisar al gallo
de un nuevo día.

---

Pisamos la uva.
Buen año de vendimia.
Te vi las piernas.

---

Desplumó al gallo,
era viejo y sin brío
con las gallinas.

---

Aúlla de hambre
la manada de lobos.
Ladra el mastín

---

Hay ventolera.
Las ramas se han doblado
tras la ventana.

---

# *2. Un roce suave*

Rocé su piel.
El prado se llenó
de mariposas.

---

Pezones rosas.
Altas colinas veo
tras la penumbra.

---

Amor efímero.
Lo entierra con cien años.
Llora su falta.

---

Falda caída,
pantalones bajados.
Suena el teléfono.

---

Un roce suave.
La seda de tu cuerpo
mis labios buscan.

---

Te fuiste un martes,
no recuerdo qué mes,
ni ese triste año.

---

Pasión de dos
lo compartían cuatro.
Son fantasías.

---

Nos embriagaron
las rosas de septiembre.
Duermo a tu lado.

---

Quiéreme, *please*,
nos une el mal gusto.
Sí, puta mierda.

---

No te tortures,
lánzate a la corriente,
busca el placer.

---

Me tiembla el ánimo,
no quiero despedirme,
es para siempre.

---

Marchaste un lunes,
ordeñaba la vaca,
no volví a verte.

---

Era romántico,
pidió amor verdadero.
Recibió libros.

---

La deseaba.
Él dormía en el suelo.
No se atrevía.

---

Voy de tu brazo.
Me acercas al abismo,
no quiero ver.

---

No la olvidaba,
fue parte de su historia.
Se arrojó al mar.

---

Mostró sus manos
curtidas por el campo.
Me acarició.

---

Tus largas piernas
no me dejan pensar.
¿Estaré enfermo?

---

Bajo un paraguas,
tormenta en la ciudad.
Siguió en la cama.

---

Lo predijimos:
nada funcionaría.
Somos felices.

---

Entra y abrázame.
Tal vez te esté soñando
y esté despierto.

---

Buscaba amor
y encontró plata y oro.
Se sintió pobre.

---

Pasó el momento,
perdieron demasiado
y no olvidaron.

---

En la vendimia,
allí nos conocimos.
Celo de otoño.

---

Fue sola al Tíber,
nunca regresaría.
Halló a Dioniso.

---

A ella escribía.
Se terminó la tinta.
Me fui a su encuentro.

---

Noté la brisa,
percibí el infinito,
quise nadar.

---

## VENGANZA

Ya sin dudar
se maquilló despacio.
Amanecía.

Era celoso,
la siguió hasta la iglesia.
Mató al abate.

---

Me aseguró:
"La perfección existe".
Me enseñó el pecho.

---

Era feliz,
había renunciado
a desear.

---

Lo lava y peina,
le regala un buen traje.
Con él se casa.

---

Pasado el duelo,
se sentía vacía.
Pintó sus labios.

---

Nadie la espera.
Ella lo sabe bien,
ya lo ha vivido.

---

Era el momento,
había amor y ganas.
No se encontraron.

---

Luna de miel.
Él ha muerto feliz;
ella lo viste.

---

Se lanzó al agua,
no consiguió salvarla.
Fue una locura.

---

Deja el puñal,
estás equivocada,
vuelve a quererte.

---

Miré el amor:
vi a Jesús de la mano
con Magdalena.

---

Lo provocamos.
Se propagó el incendio
hasta la cama.

---

Se amaba y amaba.
Trastorno bipolar
diagnosticaron.

---

Apasionado
le pedí ver su cuerpo.
Preciosos pies.

---

La conocí
camino de Santiago.
Nos extraviamos.

---

## LA DOTE

Luna de miel.
Se desbordó el torrente.
Perdimos todo.

Quedé desnuda.
Él fue a buscar la dote,
nunca volvió.

---

Bajo el sombrero,
me miraba ese macho.
Me abaniqué.

---

## CONTINUÓ LA FIESTA

Conservó ropa
elegante y sensual
hasta la noche.

Al desayuno:
bragas de coletero,
iba descalza.

---

Era infeliz.
Tenía mujer, hacienda
y dos amantes.

---

Cayó con él.
Jamás lo abandonó
en la caída.

---

Bajaba al pueblo
a sentirse querido
en el prostíbulo.

---

Se acariciaban
a la sombra del olmo.
Llegó el invierno.

---

Alzó la voz,
pedía amor y paz.
Lo castigaron.

---

Piensan igual.
Duermen juntos la noche.
Sueñan distinto.

---

Ya sin amor,
cumplió lo prometido:
lo cuidó siempre.

---

Sabía quien
era en la oscuridad,
abrió las piernas.

---

Caían las hojas.
Supe que no vendrías.
Dijiste julio.

---

Nada es tan árido
como darme la espalda
cuando te llamo.

---

Él se contuvo.
Apareció la novia
en otra fiesta.

---

Desea un cambio:
el rojo por el blanco,
causar pasión.

---

Vienes y buscas
el collar olvidado
bajo las sábanas.

---

Fueron momentos
de hablar desde muy lejos
y de tristeza.

---

Tú traes pan,
yo el vino y la manta.
¡Qué buena siesta!

---

Quiere venganza.
Hácele eyacular
sin desnudarse.

---

Se rompió el hilo
fino que nos unía.
Seda de araña.

---

Pasaron décadas,
me puse a recordar
y ya no estabas.

---

No había cielo,
tan solo oscuridad.
Cogí tu mano.

---

La brisa roza
tus caderas desnudas,
y yo tan lejos.

---

El horizonte
violeta de la tarde
me acerca a ti.

---

Estaba absorto
mirándote las lúnulas
de tus bellos pies.

---

Tú frente a mí.
Ansiaba ver tus piernas
y las cruzaste.

---

Se deseaban,
casi no había tiempo.
Rompió su blusa.

---

Frío en la noche.
Me cobijé en tu cuerpo.
Dichoso invierno.

---

Busqué sus pies
bajo las tibias sábanas.
Sentí un orgasmo.

---

Cierro los ojos,
es la forma de verte
y de tocarte.

---

Besos y pétalos.
Sobre tu suave cuerpo
flores de almendro.

---

Yo soy más líquido;
tú demasiado sólida.
No te disuelves.

---

Día azaroso.
Los amores sin rumbo
y tú sonriendo.

---

Volvió el deseo.
Desnudos bajo el chopo
a la misma hora.

---

Ya no estás tú
para beber en bares
hasta que cierren.

---

Veo tus fotos
color sepia de entonces,
ya eras hermosa.

---

Se buscan aún.
No encuentran el abrazo
que purifique.

---

Cruzó con nieve
el puente hacia su boda,
de blanco helada.

---

Escribe el monje
una carta a su amante
en su scriptorium.

---

Se tornó oscuro.
Nubes negras nublaron
nuestro destino.

---

Te acaricié
como se amasa el barro,
buscando formas.

---

Gélida noche.
Sus manos y pies fríos
puse en mi pecho.

---

Te muestras sexi.
Me gusta tu liguero
y cómo ríes.

---

Pensar en ti
me vuelve tan goloso
que lamo azúcar.

---

# 3. —*Maestro, ¿quién soy?*

Todo retiembla.
El mundo se derrumba.
Falla un tornillo.

---

Me invitó a whisky.
Supe que era Bukowski.
Palpó sus huevos.

---

Me conocí
cuando ya era muy tarde.
Cavan la fosa.

---

Para mi entierro
solo vino la luna.
Pero hubo rezos.

---

Migas de pan
dejó para los pájaros,
su único sustento.

---

Contó sus dedos.
Faltaban pulgar e índice.
¿Qué pasó anoche?

---

Dadme un minuto.
Sin dudar se lo dimos.
Y murió en paz.

---

## DIÁCONO

Pidió silencio.
Puso el dedo en sus labios.
Todos gritamos.

---

—Maestro, ¿quién soy?
—Eres quien no serás,
solo un recuerdo.

---

Mi amiga enreda,
si mi marido duerme,
su pie en el mío.

---

Suave y fría.
Belleza deseada.
Era de mármol.

---

Llegué a Egipto,
visité la pirámide.
Hice mis cálculos.

---

Miré sus ojos,
esperaba respuestas.
Por fin maulló.

---

Estaba errado.
Me dirigí al maestro,
me auspició suerte.

Hablé con Buda.
Me deseó más suerte
y más paciencia.

Pedí a Confucio
su noble protección,
y me dio largas.

---

Quiso escribir.
Temblaron los dinteles
del Partenón.

---

Miró el reloj.
Y sin saber por qué
se pegó un tiro.

---

Invoca al diablo.
Ángeles al vacío
se precipitan.

---

Creciéronle alas.
La Capilla Sixtina
pintaba al vuelo.

---

## DIOS

Para ser yo
deberías destruir
muchas más vidas.

---

Leyó el capítulo.
No dejó de llorar.
*Los miserables.*

---

Dame la llave,
abrir quiero el cajón
de tus ideas.

---

ELLOS

Gran alegría
de la vida celebrada
son las mujeres.

ELLAS

Gran alegría
de la vida celebrada
somos nosotras.

---

Ven y corrómpeme,
ya no soy una niña.
¡Una de bravas!

---

SAFO

Mira las aves
subida a esa roca.
No volará.

---

Se volvió loco,
quemó todos los libros.
Dejó el Quijote.

---

Anduve por Berlín,
sabrosos los espárragos.
Mayo sin muro.

---

Leí las líneas
de tu mano derecha
y me perdí.

---

Di jaque al rey.
Pensó su movimiento;
buscó el revólver.

---

Pidió perdón,
cantó salmo hebraico,
bebió la nieve.

---

No sé explicarlo,
no sé cómo decirlo.
Soy un académico.

---

Dame placer,
le pidió en una carta.
Recibió un dedo.

---

Hubo silencio.
Opinar no era fácil,
Dios observaba.

---

El vendaval
nos arruinó la hacienda
y el funeral.

---

Eran hermanas,
una monja y otra puta.
Las dos rezaban.

---

Era una firma,
no sabía escribir.
Pintó su cara.

---

Aquellos días
vivieron la pasión.
Era un buen libro.

---

Robó ese pan.
No escuchó la sentencia.
¡Qué bueno estaba!

---

No era un suicidio,
había una nota suya:
"Mañana más".

---

—¿Quién eres tú?
—Yo soy el salvador.
Comprobaron su ADN.

---

Fue un año malo,
el siguiente fue bueno.
No lo vivió.

---

Un gran poema
se dispuso a escribir.
Juntó palabras.

---

Ruega por todos.
Se arrodilla ante el santo.
Nota su aliento.

---

Quiso batirse
y no pudo retarla,
era mujer.

---

Última cena.
Treinta miligramos de
lorazepam.

---

Tenía sueños
por vivir. Los llevó
hasta la tumba.

---

Con solo un número
fue un héroe sin nombre.
Estuvo en Auschwitz.

---

Hay días turbios.
Más o menos tres mil
en una vida.

---

En procesión
recibió latigazos.
Creció la fe.

---

Cuando me canse
ya me moriré, no antes.
Se murió joven.

---

En sueños tú;
físicamente el otro.
Por favor, ambos.

---

Alzó la mano.
No diría la verdad.
Juró resuelto.

---

Noche y tormenta.
Difícil soledad,
tiene deseos.

---

Cita en Bruselas.
Conoció a otro en el tren.
Mejor Berlín.

---

Tiempos oscuros:
el corazón perdido
sin poesía.

---

Dos veces miente:
una era por costumbre,
la otra era cierta.

---

No me conozco.
Soy mi propio secreto.
Estoy abrumado.

---

Tenía sueños
para llevar a cabo.
No despertó.

---

No me quejé.
Era inexperto en muertes.
Era la mía.

---

Tenía quince
hijos reconocidos.
Él era estéril.

---

Le dispararon.
No hubo secuelas.
Muerte instantánea.

---

Era muy sabio,
nunca se enfrentaría
a ningún haiku.

---

Alquiló un ático.
Tenía buenas vistas.
Pensó en tirarse.

---

Era muy rica.
Nunca la visitaban.
Heredó el gato.

---

## DUDAS

No sabía si
pegarse un tiro o QUÉ.
Optó por QUÉ.

---

Era un idiota.
Nadie se lo decía,
tenía un arma.

---

Faltaba tiempo.
Él leía transversal
libro tras libro.

---

Síntomas claros
de un envenenamiento.
No hay mayordomo.

---

Era inmortal.
Disfrutaría él solo
la puta nada.

---

Se quitó el hábito,
una orgía romana
era su fiesta

---

Un buen amigo,
su sombrero y su novia
me regaló.

---

Quiso salvarnos.
Solo tenía a mano
agua bendita.

---

Impenitente:
el amor es el vicio
propio del sexo.

---

El confesor
tenía la mirada
fija en sus piernas.

---

Veo gigantes
en el diario trasiego.
También molinos.

---

Dejó su rezo.
Apareció colgada
de su rosario.

---

Arde el convento,
las monjas de clausura
salir no quieren.

---

Quiso escribir
sin don ni inspiración,
juntó palabras.

---

Ja ja ja ja.
Ja ja ja ja ja ja.
Jo jo jo jo.

---

# Epílogo

*Hice estos haikus,*
*percibiendo hacia afuera*
*para entender.*

# Tankas

*Nos sobrecoge*
*Prestamos atención…*
*No es la lluvia*
*Se escucha entre los árboles*
*Son proféticos tankas*

Escribió el verso.
Dudó si eso era un haiku.
Lo lanzó al fuego.
Continuó con su empeño
y compuso este tanka.

En tiempo fuiste
la mujer transparente
de tardes mágicas.
Aún queda tu ternura.
También mi decadencia.

Eran fastuosos
sus zapatos con lazos.
Era su fiesta,
y tras la hermosa capa
escondía belleza.

Le mostraste tu
bello cuerpo desnudo.
¿Y ahora qué?
Sin más, se desplomó
con síndrome de Stendhal.

Subí a la sierra.
Grité y me liberé.
Placer sentí.
Ese clamor de aullidos
me recordó tus éxtasis.

Grande la hacienda.
La recorrí a caballo.
Alto el maíz.
Fuerte azotaba el viento
con sabor a lavanda.

## EINSTEIN MÍSTICO

Dios no se crea
tampoco se destruye,
él se transforma.
Es tan solo energía
sin antes ni después.

Le lancé un grito,
aún seguía alejándose.
¡Tanta distancia!
¡Y tanta indiferencia!
No se volvió a mirar.

Poco después
encenderé un habano,
ya no estarás.
De tus contornos tibios
quedarán las volutas.

# *Índice*

Esta obra
se acabó de imprimir
con los auspicios de
Charo Fierro y
Antonio J. Huerga, editores

FINIS CORONAT OPUS